求道と祈り

飯野 哲也
IINO Tetsuya

文芸社

今回は名文集と祈りについてです。

まず人生にとって大事な名文・短文集。

・花のいのちは短くて苦しき事のみ多かりき　（林芙美子）

・どのお母さんも皆天国を持っています。　（新美南吉）

・敬天愛人　（西郷隆盛）

・君死にたもう事なかれ　（与謝野晶子）

・山のあなたの空とおく幸い住むと人のいう　（ブッセ）

・汝の意志の格率が常に同時に普遍的立法の原理として妥当するよう行為せよ　（カント）

・我おもう故に我あり　（デカルト）

- 死に至る病とは絶望のことである　（キェルケゴール）
- わたしの耳は貝のから　海のひびきをなつかしむ　（コクトー）
- あらゆる男子は父なり、あらゆる女子は母なり　（日蓮）
- 少年よ大志をいだけ　（クラーク）
- 貧しき者こそ幸いである　（イエス）
- 仕事の目的は困っている人を助けること　（松浦弥太郎）
- 彼は眠る、奇しき運命だったが、彼は生きた、彼は死んだ、天使を失ったときに、すべては自然とひとりでにおこった、昼がくると夜がくるように。　（ユゴー）
- 青年よ、祈りを忘れてはいけない。祈りをあげるたびにそれが誠実なものであれば、新しい感情がひらめき、その感情には、これまで知らなかった新しい思想が含まれていて、それが新たにまた激励してくれるだろう。そして祈りが教育にほかならぬことを理解できる。

（ドストエフスキー）

●そこへ隣のおばあさんが来て、自分の病気の娘が、チルチルの飼っている鳥を欲しがっていると告げます。忘れていた自分たちの鳥を見ると青い色に光っています。ぼくたちは遠くまで行ったけど、青い鳥ここにいたんだな。これを隣の娘にやると、病気がよくなり、娘が礼に来ましたが、鳥はにげてしまいます。

（『青い鳥』メーテルリンク）

●玉座の上にあっても木の葉の屋根の蔭に住まっても同じ人間。その本質からみた人間、一体、彼は何であるか、何故に賢者は、人類の何ものであるかもわれらに語ってくれないのか。

（『隠者の夕暮』ペスタロッチ）

●というのは、その困苦のために私は子供にとってかけがえのないものにならざるをえなかった。私はほとんど、ただひとり朝から晩まで彼らのなかにおった。彼らの心身のためになるものは、全て私が与えた。窮した時のどんな救済も、どんな援助の申し出も、彼らが受けた、どんな教訓も直接私が与えた。私の手は、彼らの手の中にあったし、私の眼は、彼らの眼をみつめていた。私は彼らと共に泣き、彼らと共に笑った。彼らは世界を忘れ、シュタンツも忘れて、私と共におり、私は彼らと共におった。私は私の周囲に家庭を持たず、友もなく召使もなく、ただ、彼らだけを持っていた。彼らの達者な時も病気の時も、そばにいた。私は彼らの真中に入って寝た。夜は私が一番後で床につき、朝は一番早く起きた。私は彼らの寝つくまで私の中で彼らと共に、祈ったり教えたりしたが、彼らは、そうしてもらいたかった。彼らの身体、着物の不潔もみてやった。斯くすることによって子供は次第に私の味方になった。

（『シュタンツだより』ペスタロッチ）

・すべての人が幸福にならなければ自分の幸福はない。お母さんは、僕をゆるしてくれるだろうか。

（『銀河鉄道の夜』宮沢賢治）

・宇宙から国境線は見えなかった。

（毛利衛）

・誰も悲しまぬように微笑むことが上手くできなかった

（『馬と鹿』米津玄師）

・本当の愛はお母さんだけだった

（高濱正伸）

・観音菩薩は世の人々の声をもれなく聞きとり大いなる慈悲心において、全ての魂に癒しと救いをもたらします。この陀羅尼（だらに）には、ヒンドゥー教の破壊と恵みの最高神、シヴァの別名や、世界を維持する、幸福の太陽神、ヴィシュヌを表わす話があります。神々の栄光において、菩薩の慈悲が、地と人に、示されますように。

（『大悲咒』大角修）

●五観の偈(げ)、食物のためになされた勤しみをしのび、いかにして今、ここにあるかを憶ってこの食(じき)を受けます。われここに食を受く、つつしみて、天地の恵を思い、その労を謝したてまつる。

われ食おわりて、心豊かに力身にみつ。（食前食後の言葉）

●観世音菩薩よ、私に帰依したてまつる。仏と因あり、仏と縁あり、仏法僧の縁によって常楽我浄なり、朝(あした)に観世

音を念じ、夕べに観世音を念じ、一念一念は我が心より起こり、一念一念が心を離れず。（延命十句観音経）

●そして私はいつもこのように念じています。どのようにして人々を、無上のさとりに至る道に導き、速やかに仏身を成就えさしめたまえと。（法華経寿量品第十六）

●そのとき能化の地蔵尊、われを冥途の父母と思ひてあけくれ頼めよて、幼き者をみ衣の裳裾のうちにかき入れて、憐れみたもうぞ、ありがたき、まだ歩めぬみどり子をいだきかかえてなでさすり、憐れみたもうぞありがたき、南無延命地蔵大菩薩（地蔵和讃）

●あなたに観世音菩薩の行の多くの所に応じてなされたこ

とを告げます。衆生済度の誓願は海のように深く、永遠の時をもってしても理解は及びません。観世音菩薩の幾千億の仏に仕えて大清浄の願を発したのです。

観世音菩薩は真実を観る者、濁りなく観る者広大な智恵の眼（まなこ）をもつ者なり、悲観および、慈観において、全き者です。常に願い、常に仰いで礼拝しなさい。観世音菩薩には、無垢清浄の光があります。智恵の光は、太陽のように闇を破り、災いの風穴を鎮めて普（あまね）く世間を照らします。地に甘露の法雨をそそいで、煩悩の炎を消し去ります。苦悩と死の災いに満ちた世界にあって、依り所となり、一切の功徳をそなえ、慈悲の眼で、生きとし生けるものをみる者です。もし人々が、この観世音菩薩普門品の自在なる業を聞き、あらゆる方向に姿を現す観世音菩薩の普門示現の威神なる力の教えを聞くならば、その功徳少なからず、世尊が、この普門品を告げた時、集会(しゅうえ)の数限りない人々が、皆、比類なき無上のさとりを求める心を発しました。

（法華経観世音菩薩普門品第二十五（抜粋））

- すべてのこだわりを捨てて心をおおうものなくあらねばならない。心をおおうものがなければ、恐れおののくことはない。逆転した考え方と根拠のない考え方の一切の迷いを、遠くはなれて平安に至るであろう。万物は、空であっても、真実は虚しいものではない。迷いを離れし者よ。
（般若心経）

・教養の定義

社会の担い手である事を自覚し、公共圏における議論を通じて、未来へ向けて社会を改善し存続させようという存在、である為に必要な、素養、能力（市民的器量）でありまた己に（規矩）を課す事によってそうした素養、能力を持つ人格へと自己形成するための過程をも意味する。

素養、能力には次のものが含まれる

①大きな座標系に位置づけられ、互いに関連づけられた

豊かな知識、さりとて既存の知識を絶対視しない健全な懐疑

②より大きな価値基準に照らして、自己を相対化し、必要ならば、自分の意見を変える事もいとわない闊達さ、公共圏と私生活圏のバランスをとる柔軟性

③答えの見つからない状態に対する耐性、見通しのきかない中でも、少しでもよい方向に向かって①②を用いて努力し続けるしたたかな楽示性とコミットメント

ということである。（『教養の書』戸山田和久）

・和をもって尊し（聖徳太子）

・「天は人の上に人をつくらず、人の下に人をつくらず」

といえり。されば天より人を生ずるには、万人は万人みな同じ位にして、生まれながら、貴賤上下の差別なく、万物の霊たる身と心との働きをもって、天地の間にあるよろずの物を資（と）り、もって衣食住の用を達し、自由自在、互いに人の妨げをなさずして、おのおの安楽にこの世を渡らしめたまうの趣意なり。

（福沢諭吉）

●為せば成る、為さねば成らぬ

（上杉鷹山）

●医師のひとりとして参加するに際し

・私は人類への奉仕に自分の人生を捧げる事を、厳粛に誓う。・私は私の教師に当然受けるべきである尊敬と感謝の念を、捧げる。・私は、良心と尊厳をもって私の専門職を実践する。・私の患者の健康を私の第一の関心事とする。・私は、私への信頼ゆえに知り得た患者の秘密を、たとえその死後においても尊重する。・私は全力を尽くして医師専門職の名誉と高貴なる伝統を保持する。・私の同僚は、私の兄弟姉妹である。・私は私の医師としての職責と患者との間に、年令、疾病や障害、信条、民族的起源、ジェンダー、国籍、所属政治団体、人種、性的オリエンテーション、あるいは、社会的地位といった事柄の配慮が介在することを容認しない。・私はいかなる脅迫があろうと、生命の始まりから、人命を最大限に尊重し続ける。また人間性の法理に反して医学の知識を用

いることはしない。・私は自由と名誉にかけてこれらの事を厳粛に誓う。（『ジュネーブ宣言』世界医師会）

●官員は公衆の膏血をもって買われたる物品の如し（つまり）、国民は日ごろ血を吐くように苦労し脂汗を流して仕事をして稼いでいる。政府はその上に税金をかけて国民から、徴収している。だから公務員は、その税金でもって買い求められている物品のようなものだと（始まっている）（『警察手眼』川路利良）

●板垣死すとも自由は死せず（板垣退助）

●独立人間同志が愛しあひ尊敬しあひ力をあわせるそれは実に美しいことだ。だが他人を利用して得をしようとす

るものは、いかに醜いか、その醜さを本当に知るものが一個の人間。（武者小路実篤）

・わたしが一番きれいだったときわたしの国は戦争で負けた（茨木のり子）

・智恵子は東京に空が無いといふ、ほんとの空が見たいといふ。私は驚いて空を見る。桜若葉の間に在るのは、切っても切れないむかしなじみのきれいな空だ。どんよりけむる地平のぼかしは、うすもも色の朝のしめりだ。智恵子は遠くを見ながら言ふ。阿多多羅山の山の上に毎日出てゐる青い空が智恵子のほんとの空だといふ。あどけない空の話である。（『あどけない話』高村光太郎）

・やせ蛙　負けるな一茶是に有り　（小林一茶）

・みちのくの母のいのちを一目見ん一目見んとぞただにいそげる
のど赤き玄鳥(つばくらめ)ふたつ屋梁(はり)にゐて足乳根(たらちね)の母は死にたまふなり
あかあかと一本の道とほりたりたまきはる我が命なりけり　（斎藤茂吉）

・少年老い易く学成り難し、一寸の光陰軽んず可からず、未ださめず、池塘春草(ちとうしゅんそう)の夢、階前の梧葉(ごよう)已(すで)に秋声　（朱子）

・人は誰かを傷つけ、そのかわり誰かを助けて生きていく

ものだ

(付)人に迷惑をかけそのかわり人を助けてカバーしてバランスをとっていくものだ

（『シバトラ』フジTV）

・汝自身を知れ、無知の知、ただ生きることではなく善く生きる事だ

（ソクラテス）

・形なきものの形を見、声なきものの声を聞く

（西田幾多郎）

・武士道とは死ぬ事と見付けたり

（山本常朝）

・全く彼自身の為に存在する自然人と社会での生活の意味との間の矛盾を解決する方法を見つける。造物主の手を出る時は善であるが人間の手に移ると悪くされてしまう。

すべての社会が人をつくるか市民をつくるかを選ばなければならない。私たちに残されているのは、愛し感じる存在を育てる事、つまり感情によって理性を完成させる事である。

（『エミール』ルソー）

・万有の真相　人生不可解なり

（藤村操）

・絶望の果てに光がある

（フランクル）

・意識と無意識のバランスが崩れ、本来は心の奥底に静まっていて表に出ないはずの無意識が暴走する無意識がつくり出すのか、心の病である。人の心には自分の知らないもうひとりの自分がいる。人にはみな第1の人格と第2の人格がある。無意識は外界に出る事を望んでいる。

各個人はみな規準からはみ出している。あなたが無意識を意識しないかぎり、それはあなたの人生を支配する。東洋文化が人の心を深く探究する精神性を宿している。人の心には個人的な体験や知識を超えた、共通部分がある。意識と無意識すべてひっくるめて私の心があると思えるようになることが人格完成を目指すこと。人には、思考、感情、感覚、直観の４つの心理機能とよぶ。コンプレックスとは、理性客観的には何でもない事を自分の心だけがどうしてもこだわること、意識無意識のすべてを感じてこれが私の心だと実感できたとき人にとって幸福になる。自己の存在を実感するのが自我であり自己と自我が向き合い認めあって一つとなることが個性化であり、その道を登るために越えなければならない障害が心の病である。人生の意味を考えるようになったとき謙虚に見つめ、やがて喜びに変えるのです。（ユング）

- 安心と安らぎが夢の中にある（大嶋信頼）
- 親の魂とは感覚感情思考意志など、魂の働きを十全に発揮して他の魂を支え見守りときに導くことができる①異質を愛する②野心のない目的を持つ③道なき地点に立つ④高次の自我を持ちより広い責任に応える（高橋佳子）
- 則天去私（夏目漱石）
- あなた方は本来が霊的存在であり、それが肉体という器官を通して自己を表現しているのです。この全大宇宙を創造し計画し運用してきた大いなる霊と本質的には全く同じ霊なのです。つまりあなたの奥には、神々の属性である莫大なエネルギーの全てを未熟な形、ミニチュアの形つまり小宇宙の形を秘めます。霊は生命そのものであり生命は霊そのものです。霊のない所に生命は存在しません。物質は殻です。あなたが存在し、呼吸し、動き、考え、判断し、反省することができるのは、霊であるからです。霊が離れたら崩壊して土くれに戻ります。物質の崇拝は、偶像の崇拝で実在はない一時的なもので永遠ではない。霊は永遠です。神とは法則です。

（『シルバーバーチ』三沢直子他）

●地球の過去は男性の過去でした。地球の未来は女性の未来です。女性は今男性のたどった道を、男性と対等にことを牛耳ろうとしています。しかし女性の未来の方向はそうではない。女性が人類を支配する事にはなりません。男性と対等に支配するのでもなく女性がリードする時代であり支配ではなく、人の課題に逃げずに考えて向き合うならば、必ず、よくなる。人はひとりではない、親がだめでもあなたを愛してくれる人はたくさんいるはずだ。長い転生のプロセスがあるのだ。自分が与えられた役割

をはたす。人生の最期に精一杯がんばりましたと言える
ように。
(本人+作者不詳)

朝の祈り

・南無観世音、南無妙法蓮華経、世尊妙相具、阿耨多羅三藐三菩提心。エル・カー・リーム・オーム　南無十三(じゅうさん)仏
とーほーかーみーえーみーたーめ×3　たいらけくやすらけく
ひふみ、よいむなや、こともちろらね、しきる、ゆいつわぬ、そうたはくめか、うおえ、にさりへて、のますあ

せえほ、れーけー
自他共に健全になるよう働きかける。
ヒマラヤチベットヨギ　ババジ「スワミ、サイババ、オームマニバドメーフーン」×3　オームアロリキヤソワカ×3　オームマニベメフン、アジマリカン、オームクリアババジマニオーム×3　一切の御神仏、天使、オーラ、南無正観世音自在菩提薩多、是故応頂礼
妙法蓮華経如来寿量品第十六（題名だけ）
妙法蓮華経観世音菩薩普門品第二十五（題名だけ）
南無妙法蓮華経、南無正法白蓮華経、最も正しき白蓮の教え、オームマカキャロニキャソワカ、オームアロリキ

ヤソワカ、南無観世音菩薩、南無観自在菩薩、南無釈迦仏、南無日蓮上行菩薩、南無伝教大師、南無白隠禅師、リン、ピォー、トウ、シャ、カイ、ジン、レツ、ザイ、ゼン

アストラルプレーン一切無障礙、乃至法界平等利益、自他具安同帰寂光、得入無上道速成就仏身、阿耨多羅三藐三菩提、六根清浄、諸天供養、大梵天王帝釈天王大日天王、大月天王、大明星天等総じて一切の法華守護の諸天善神、観音守護、釈迦仏守護、功徳倍増のため。南無根本伝教大師他、願わくは此の功徳を持って普(あまね)く一切に及ぼし我等と衆生と皆共に仏道を成ぜんことを、無上正等

覚、センテンナムフルホビル、ハルチウムチツヅチ、南無正（せい）観音、南無聖（しょう）観音、天照皇大神、白山（はくさん）菊理媛スの神様、荒神、大国主様、九頭竜様、産生（うぶすな）様、竜神様、鳳凰様、くらま様、七福神様、日向様、富士山

守りたまえ、幸はえたまえ、よみがえらせたまえ、はらいたえ、清めたまえ、ゆるしたまえ、直したまえ、和魂（にぎみたま）、荒魂（あらみたま）、奇魂（くしみたま）、幸魂（さきみたま）

オーム、アーメン、成仏道

もしも私の願いが、宇宙の意図にそうならば（エル（土）、カー（火）、リーム（水）、オーム（空間・気））（アオン）

延命十句観音経、観世音、南無仏、与仏有因、与仏有縁、

仏法僧縁、常楽我浄、朝念観世音、暮念観世音、念念従心起、念念不離心。世尊妙相具、阿耨多羅三藐三菩提心。

アライア、カラ、オウム、マナ、ファジュー、シャンティー、ヒュー

我、昔ようつくりし諸の悪業は、皆無始の貪瞋痴、による、心と口と意によって生じる所なり、今ここに一切を我皆懺悔したてまつる

南無阿弥陀仏、南無妙法蓮華経、ショヨオンテキカイシツザイメツ、ナンムアーミン

ひふみ神示、天津祝詞　（本人）

・一つでは足らず、両方とか、欲ばりに、弁証法的、正反

合的に進化していくだろう。　（本人）

・阿弥陀は極楽浄土、法華は霊山浄土、観音は補陀落浄土とか仏教でもいう成仏世界がどのような所なのか、また地球で時に結婚とか愛とか男女の問題など全てやりきって未練なく、地球を卒業出来なければまた地球をクリア出来ないと思う。　（本人）

・ヒトの生命エネルギーは意識の交流で強くなります。意識はエネルギーです。

魂のしくみはソウルシステムは、空が空自身に潜在している可能性をできるだけ多く知ろうとするためのしくみです。　（サアラ）

・私は自身を創造した存在の叡智に心を開きます。命あるものとしての体験に感謝を捧げなさい。私は創造者の一部であり、私の内に叡智が宿っています。観音慈救、善転加護、観音聖守、長久神縁。天に問え、みんなのミカタ、魂の目的に沿って生きる。宇宙にあまねく愛と恵みがありますように。

（オムネク＋他）

・慈悲の仏観音さんと仏さまを信仰しよう。私達は誰でも仏さまと因があり縁がある。仏さまと仏法と仏和合尊和の気持に縁がある。つまり誰でも心の中に仏さまと同じ悟りも開ける因縁をもちそれを開悟すれば仏法も自然にわかるしやわらかな気持ちで生きていける。そのようにしていつも楽しく浄い心をよごさずに生きて行こう。朝も夕暮もいつも観世音を念仏して明るく慈悲の心で生きよう。その観音さんの心をいつも心に浮かべ心から離れないようにしよう。

（延命十句観音経）

●汝らよろしく精進して清浄心をおこしもろもろの善業を起こすべし、しからば世間の灯明たる弥勒仏の身を見ること必ず疑いなし

わが国中の人民をしてもろもろの垢瑕穢（くげえ）あることなく婬（いん）怒癡（ぬち）において大にせず慇懃（おんごん）に十善を奉行、われそのとき

無上正覚を取らん　（弥勒経）

●高天原に坐し坐して天と地に御働きを現し給う龍王は、大宇宙根元の御祖の御使にして一切を産み一切を育て、萬物を御支配あらせ給う王神なれば、一二三四五六七八九十の十種の御宝を己が姿と変じ給いて自在自由に天界地界人界を治め給う龍王神なるを尊み敬いて真の六根一筋に御仕え申す事の由を受引き給いて愚なる心の数々を戒め給いて一切衆生の罪穢の衣を脱ぎ去らしめ給いて萬物の病災をも立所に祓い清め給い萬世界も御祖のもとに治めせしめ給えと祈願奉ることの由をきこしめして六根の内に念じ申す大願を成就なさしめ給えと恐み恐み

白す

（龍神祝詞）

●代代の先祖達（何某の御霊）の御前を拝み奉りて慎み敬ひも白さく、広き厚き御恵を辱み奉り高き尊き家訓のまにまに身を慎み業に励み親族家族諸諸心を合せ睦び和みて敬ひ仕へ奉る状を愛ぐしと見そなはしまして子孫の八十続に至るまで家門高く立ち栄えしめ給へと慎み敬ひも白す

（祖霊拝詞）

●此の神床に坐す掛けまくも畏き天照大御神、産土大神等の大前を拝み奉りて恐み恐みも白さく、大神等の広き厚き御恵を辱み奉り高き尊き神教のまにまに直き正しき真心をもちて誠の道に違ふことなく負ひ持つ業に励ましめ

給ひ家門高く身健（みすこやか）に世のため人のために尽さしめ給へ
と恐み恐み白す　（神棚拝詞）

●「いろはにほへとちりぬるを
わかよたれそつねならむ
うゐのおくやまけふこえて
あさきゆめみしゑひもせす」　（いろは歌）

●「アカハナマ　イキヒニミウク
フヌムエケ　ヘネメオコホノ
モトロソヨ　ヲテレセヱツル
スユンチリ　シヰタラサヤワ」

（あわの歌）

●キリエ・エレイソン　主よ憐れみたまえ

天にまします我らの父よ、願くは、御名の崇（あが）められん事を、御国（みくに）の来たらん事を、御意（こころ）の天のごとく地にも行われん事を。我らの日用の糧（かて）を、今日もあたへ給へ。我らに負債（おひめ）ある者を我らの免（ゆる）したる如く、我らの負債をも免し給へ。我らをこころみにあわせず、悪より救い出し給へ。　主、憐れめよ（キリスト教祈祷）

●**臨**める**兵**、**闘**う**者**、**皆陣**をはり、**列**をつくって**前**に**在**り

（九字）

・聞くところによれば天地の起源は水の気が変化して天と地となったという、十方からの風が吹いて互いに触れ合い大水を混えていたその水上に神聖（かみ）が化生した。その姿は千の頭二千の手足をもっていたこれを名づけて常住慈悲神王といいまたの名を為細（いさい）（ヴィシュヌ）といった、この人神のへそから、千の花弁の金色の妙宝蓮華が出現した。その光は大いに光り輝き多くの太陽が一緒に照らすようだ。花のなかに人神が結跏趺坐（けっかふざ）していた。その神も無量の光明があり名づけて梵天王（ブラフマー）といった。この梵天王の心から八人の子供が生まれた。この八人の子供から天地人民が生まれた。これを天神といい天帝の祖神ともいった。

（作者不詳）

●喜びよ、美しい神々の火花よ
楽園生まれの娘、うら若き使者よ
神々しい人よ　我らの魂　感動に燃えて
あなたの聖域に踏み入る
あなたは不思議な力の持ち主　時代の潮流が残酷に切り
裂いたものを再び結びあわす
あなたの翼が温かく人を包み込むところですべての人間
は兄弟になる

（『第九大合唱』シラー）

●私たちはみなそれぞれユニークなひび割れをもっていま
す。私たち一人一人がひび割れ壺なのです。私達の仕事は、子どものひびを責めることではありません。自分のひびを責めることでもありません。子どものひびのために花の種をまくことそれこそが親の仕事です。

子どもたちはどんな花を咲かせてくれるでしょう。そして私たち親はどんな花を咲かせるでしょう。

（菅原裕子）

●天使は、あなたの助けになりたいといつも思っています。人間を心から愛していて、幸せになってほしいと願っているのです。ただ天使たちは、あなたに呼ばれないかぎり、無理なおせっかいを焼くことはありません。また直接何かをしてくれるというのでなく、人生の案内役として助言をしながらさまざまな障害にぶつからないよう導いてくれるのです。そのお返しに天使が求めるものは、あなたが、自分自身の魂と深くつながること、それだけです。

（作者不詳）

・体は無くなって土に帰りますけど、想念というのはこの宇宙に遍満して残っていく。残っているからこそ、自分達が一生懸命やっていれば、その智恵をいただいていろんな事が、わかってくる。

（作者不詳）

・栄養は、酸素と食物と勉強から。

1．激流に洗われながら残っていくものが、本当のあなた自身だ。

2. 常識も道徳も現実もすべて幻想なのだ。あるのはその人の解釈だけなんだ。

3. 心臓の音を聞けるようになると集中してくる。

4. 感動のオーラは喜怒哀楽、満足驚き安心から生まれる。（中谷彰宏）

• 正心、正食、正息、正動、正体、正眠（作者不詳）

そのようなものが、私が勉強してて、大事であることだと思う。

ここで世界の新十大聖人をあげたい。

①イエス　②ブッダ　③孔子　④ソクラテス　⑤ヨギ・ババジ　⑥ヘレン・ケラー　⑦マザー・テレサ　⑧ユング　⑨ガンジー　⑩貝原益軒　などである。

それから、最近の情勢として、戦争は間違っている。やくざと同じだ。どうしてもあきらかに悪逆非道な場合に考えるか、根本的にガンジーの非暴力無抵抗主義がいい、あまり欲張って権力や金や性や力を持ち名誉賞をもらっても、魂に悪いかもしれないしあんまり名誉賞をあげすぎだ。それより、運悪くした人や救済すべき人やいい人など、平等力をまし、あまりひどいことをお互いにしないようにしないと地球と人類の根本的危機なのではないか。あまり人間にひどいことを、してはならない。

人にはクセがあるけど魂は平等なんだ。一流の人は自分の中にコーチを持っているという。悪をくじき弱きをたすけまもり、少年少女の味方地球のため。小さい子供と母親をほかの全部の人が守り、なんとか地球の危機が救われるように。

著者プロフィール

飯野　哲也（いいの　てつや）

1958年東京生まれ　B型
大学文学部卒
趣味　テニス

求道と祈り

2023年８月15日　初版第１刷発行

著　者　飯野 哲也
発行者　瓜谷 綱延
発行所　株式会社文芸社
〒160-0022 東京都新宿区新宿1－10－1
電話 03-5369-3060（代表）
03-5369-2299（販売）

印刷所　株式会社晃陽社

ISBN978-4-286-24478-5　JASRAC 出 2303125-301